No te rindas

Poesías que inspiran

Segunda edición

Frank J. Ortiz Bello

Ediciones Eleos

Autor: Frank J. Ortiz Bello

Concepto de la portada: Damaris Samot Báez

Fotografía de la portada: Stephen Denness

Fotografía © Stephen Denness | Dreamstime.com

ISBN: 978-1-881741-53-4

Ediciones Eleos
Dorado, Puerto Rico
www.edicioneseleos.com

A Dios, para quien siempre es la gloria.

Tabla de contenido

Frank J. Ortiz Bello

Prólogo

Desde que publiqué este libro por primera vez, en el año 1989, no sabía si algún día haría una segunda edición del mismo; sin embargo, jamás pensé que haría una versión electrónica del libro y que podría estar accesible para comprarlo cualquier persona de cualquier parte del mundo que tuviera acceso al Internet.

Este fue mi primer libro publicado. Desde que se publicó me han llegado muchos comentarios muy buenos, gracias a Dios. Algunos de estos poemas se han utilizado en las iglesias, programas radiales y hasta se han dramatizado algunos de ellos. Esto me llena de mucha satisfacción, pues como escritor es un deleite saber que lo que escribo llega hasta el corazón de los lectores.

Esta segunda edición incluye varios poemas adicionales, que no fueron incluidos en la primera edición.

Son poemas sencillos, sin mucho adorno poético, pero con la encomienda de llevar un mensaje de esperanza y aliento para aquél que lo lea.

No me quedan más palabras que darle las gracias por adquirir este libro. Espero disfrute de la lectura. Gracias.

El amor

El amor es como un sueño hermoso,
un sueño lleno de sentimientos,
un sueño deseado por todos,
sentimientos en los cuales creo.

El amor es como una gran flor,
flor la cual es la más bella rosa,
flor que recibí de mi Señor,
rosa la cual corazones toca.

El amor es como una canción,
canción con hermosa melodía,
canción dirigida por mi Dios,
melodía que llena mi vida.

El amor es como dulce miel,
miel rica que sale del panal,
miel dulce que llena todo ser,
panal donde sólo podré amar.

El amor es como la esperanza,
esperanza con gran juventud,
esperanza que el Señor da al que ama,
juventud que brilla como luz.

El amor es como un buen regalo,
regalo que me obsequió mi Dios,
regalo que con amor hoy te hago,
Dios que nos ama, pues es amor.

Testimonio

Si no fuera por el Señor
qué hubiera sido mi vida.
Recuerdo que me rescató,
aún el Señor me cuida.

Escuché su voz una vez
cuan trompeta que sonaba
y la cual nunca olvidaré
pues Cristo sí salvó mi alma.

Desde entonces yo le alabo
y por Él siempre cantaré.
Es que yo lo quiero, lo amo,
dejarle nunca yo podré.

No te rindas

Muchas pruebas en el camino hay,
nadie dijo que no es verdad.
Grandes rocas tienes que pasar,
escalar montañas hasta el final.

Muchos conocidos
en tu contra se pondrán.
Aun así debes de luchar
pensando que aún contigo Dios está.

No importa lo que sufras,
no importa cuánto llores.
Ni sufrimientos ni tristezas
podrán ser mayor que el triunfo final.

Debes siempre seguir hacia adelante,
no importando lo que tengas que dejar.
Cristo siempre te ayudará
para así la vida eterna tú ganar.

Si te cansas de luchar,
pide fuerzas al Señor.
Nuevas fuerzas te dará,
nuevos ánimos tú tendrás.

Recuerda que Cristo contigo está,
Él nunca te dejará.
Prometió hasta el fin contigo estar,
sus promesas siempre son verdad.

No te rindas ante la adversidad,
sigue siempre hacia adelante.
Cristo no te dejará,
Él de su mano llevándote está.

Nuestro Gran Señor

Es el agua cuando hay sed,
es luz en la oscuridad,
es el padre que nos ama,
ése es nuestro gran Señor.

Es alimento en el hambre,
alegría en la tristeza,
consuelo en el sufrir,
ése es nuestro gran Señor.

Maestro que nos enseña,
el que nos da la salud.
Es el que siempre nos guía,
ése es nuestro gran Señor.

El que como padre amante
da su vida por su hijo,
su vida dio por nosotros,
ése es nuestro gran Señor.

A quien se ama

Amar es más que querer,
no es sólo el poder reír
y llorar en el sufrir,
sino también el hacer
feliz al ser a quien se ama.

Dejar de ser uno mismo,
pertenecer a otro ser
a quien se ha de querer,
no buscar el egoísmo,
satisfacer a quien se ama.

Cuando se ama de verdad
el amor es reflejado
en ese ser que es amado,
lleno de felicidad,
lleno de amor a quien se ama.

Amar es de Dios un don,
fortaleza en el quebranto,
regocijo en el llanto,
sentir en el corazón
necesario a quien se ama.

Ven amigo
hoy

Ven amigo hoy,
no lo dejes más.
Dale tu corazón
al Señor Jesús.

Él su vida dio
por amor a ti.
Muriendo en la cruz
la muerte venció.

Si a Él tú vienes,
tu vida cambiará,
pues el Señor Jesús
poderoso es.

Amor Él tiene,
amor de verdad,
pues la Biblia dice
que Dios es amor.

El Señor Jesús
mi vida cambió.
De la oscuridad

a la luz me llevó.

También con tu vida
grandes cosas hará.
Sólo tienes tú
que a Cristo aceptar.

Nueva vida tendrás,
su paz sentirás.
Nueva criatura serás
y feliz vivirás.

Y aunque problemas vengan,
ya tristezas no habrán,
pues el Señor Jesús
a tu lado estará.

Jesús prometió
que un día vendrá
a su pueblo buscar,
Jesús volverá.

Felices seremos
por la eternidad.
Junto a mi Señor
siempre viviremos.

Frank J. Ortiz Bello

Peregrino
por la tierra

Peregrino por la tierra,
caminante, compañero,
en el camino de piedra
venceremos, venceremos.

No con fuerzas ofrecidas
por ejércitos humanos,
sino con Cristo, el Mesías,
agarrados de su mano.

Desechados, criticados,
como quiera llegaremos.
Porque fue crucificado
la victoria ya tenemos.

Por senderos caminamos,
por camino verdadero
que si somos fiel, hermano,
junto a Cristo venceremos.

Su gran amor

Uno grande se hizo pequeño,
siendo humillado por nosotros.
Mostrarnos su amor es su anhelo,
darnos la salvación a todos.

Triunfó, venció sobre la muerte
por amor a la humanidad,
porque grande amor siempre tiene,
amor el cual es de verdad.

Vino a buscar a los suyos,
pero éstos lo despreciaron.
Mas para con nosotros supo
de su amor siempre mostrarnos.

Por eso nos dio potestad
de hijos de Dios ser llamados,
a los que hacen su voluntad,
los que su presencia anhelamos.

Jesús mostró su gran amor
al dar su vida en la cruz.
Nos quiere dar su bendición,
Él nos ama y es nuestra luz.

Sigamos siempre al Redentor,
pongamos en Jesús los ojos,
busquémosle de corazón,
acerquémonos juntos todos.

Ayúdame Señor

¡Cuán grande y glorioso es Jehová!
Si miro hacia atrás, no lo puedo creer.
Pero es cierto, muy cierto,
las cosas que Dios hizo por mí.
¿Por qué las hizo?, si yo no las merezco.
Pero gracias Señor porque así lo has hecho.
Gracias porque tú, siendo tan grande,
poderoso y majestuoso;
supiste mirar desde los cielos,
desde tu trono, con mucho amor,
amor tan grande que no lo puedo comprender,
y extender tu mano hacia mí.
Tú, y solamente tú,
me sabes escuchar con atención,
con mucho interés en mi conversación.
¡Cuántas veces me he sentido solo!
¡Cuántas veces me he sentido
triste y abatido!
Son muchas las veces Señor,
no las puedo contar.
Pero sí he visto algo en cada una de esas veces
en que me he sentido solo, triste y abatido;
y es que tú has estado a mi lado,
tú has sabido darme la mano y decirme:
Hijo mío, no te preocupes, confía en mí,
que yo a tu lado estoy,

nunca te desampararé ni te dejaré,
sólo confía en mí.
Hoy quiero decirte Señor que te amo,
y aunque nunca podré pagar
lo que tú has hecho por mí,
quiero servirte con todo mi corazón.
Ayúdame Señor.

Mensaje

Como árbol que florece en su tiempo
y da frutos...
frutos frescos, deliciosos,
así quiero que mi vida sea.

Nunca estar estancado en la vida,
sino como ríos, correr quiero.
Nuevas metas para alcanzar busco,
que con Jesús sé que lograré.

Podré llevar a otros amor y paz,
que solamente tendrán con Jesús;
decirles lo feliz que soy...
que con Jesús, vida eterna tendrán.

Busco cada día consagrarme,
para estar más cerca de Jesús,
y poder decirte a ti, mi amigo,
que sólo Dios puede salvar tu alma.

Frank J. Ortiz Bello

Salvación para el hombre

Todo al hombre Dios le dio,
sus necesidades le suplió.
Rey de reyes, Señor de señores, ése es Dios.

El hombre pecó grandemente,
desobedeciendo el mandato del Señor.
Muerte eterna se ganó.

Inmediatamente solución trajo Dios,
redención prometió.
Sólo así el hombre se salvaría.

Humilde, para servir;
desechado por el hombre.
Lo mataron en la cruz.

Venció, proveyó salvación para el hombre.
Sólo Él da salvación,
venció para siempre con poder.

Éste de quien hablo se llama Jesús,
el Cristo, el Hijo de Dios, el Salvador.
A través de Él tenemos la salvación.

Ahora el hombre vida eterna puede tener,
pues Cristo venció la muerte con poder.

Acepta a Cristo y salvación recibirás.

Recuerda que Jesús no tenía que morir,
mas lo hizo por ti y por mí.
Él te está llamando hoy, acéptalo.

Si recibes a Cristo bendición recibirás,
salvación y vida eterna allá en el cielo tú tendrás.
Él tu vida cambiará.

Mi Señor

Si tu vida vacía está,
te presento a mi Señor.
La mía una vez así estuvo,
mas Él la llenó de su amor.

Si crees que nadie te ama,
te presento a mi Señor.
Una vez igual creía yo,
mas ahora sé que me ama Dios.

Si te sientes miserable,
te presento a mi Señor.
Así también me sentía yo,
mas ahora es distinto con mi Señor.

Si quieres nueva vida tú tener,
te presento a mi Señor.
Nueva vida me ha dado Él,
muy agradecido estoy de Dios.

Así digo

¡Cuán grande gozo siento!
Muy feliz estoy con Dios.

¡Cuán grande es la paz que tengo!
Me la dio Cristo, mi Señor bello.

¡Cuán corta es la vida!
Busco de Cristo día a día.

¡Cuán débil soy sin Dios!
Fuerte soy con mi Señor.

¡Cuán hermoso es Cristo!
Con Él gozo y río.

¡Cuán grande es Dios!
Poderoso, Dios de amor.

¡Cuán feliz ahora soy!
La paz de Cristo siento hoy.

Amor de Dios

Cual ave que vuela por los aires,
por los cielos de la gran esfera,
por el espacio de nuestra tierra,
recordemos: Dios nos hizo libres.

Como esa gran luz que siempre brilla,
como la otra la cual refleja
el brillo, calor de la primera,
busquemos esa Luz que ilumina.

No dejemos que el tiempo se vaya,
y que se pierda en el olvido,
sin tan siquiera haber sido ricos
en bondad para el ser a quien se ama.

Recorramos con amor la vida,
siempre hacia adelante en el camino.
Amando aun al no muy amigo,
dando todo lo que Dios nos pida.

Sigamos el ejemplo de Cristo,
ayudemos al necesitado,
no corramos sin darle la mano,
sin el amor de Dios haber visto.

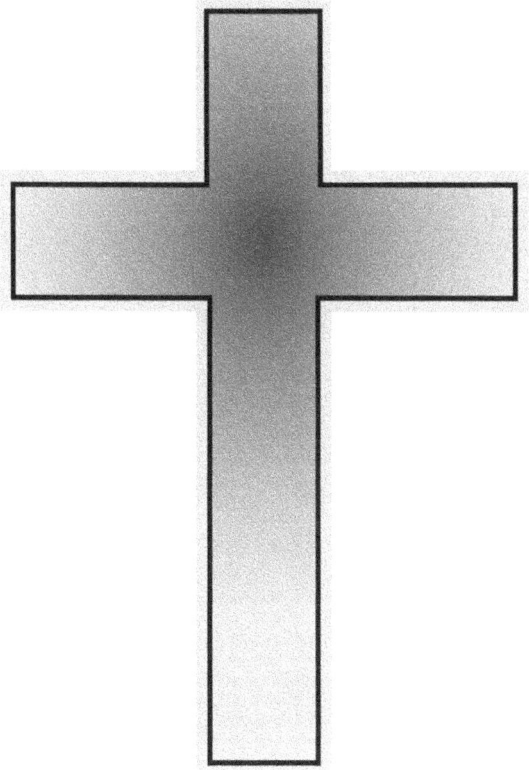

Jesús, mi amigo fiel

Jesús, tú eres mi amigo fiel.
Tú nunca me has fallado.

Cuando estoy triste,
me das gozo.
Cuando estoy alegre,
me aumentas la alegría.
Cuando estoy enfermo,
tú me sanas.

Si tropiezo en el camino,
tú me levantas.
Si cometo algún pecado,
tu misericordia me perdona.
Si me siento desechado,
tu presencia yo la siento.

Jesús, tú eres mi amigo fiel.
Mi amigo fiel lo eres tú, Jesús.

Alabanzas
al Creador

Un día sentado
debajo de un árbol
miraba asombrado
hacia todos los lados.
La lluvia caía,
bajaba del cielo,
como dulce melodía
tocaba el terreno.
El viento sonoro
pasaba acariciando
lleno de gozo,
tan grande creado
por un Dios maravilloso.
La luna prendida
en su bella vestimenta
de lejos parecía
del cielo la más bella.
Las estrellas brillaban,
luz maravillosa
que de lejos alumbraban
con alabanza grandiosa.
El dulce sonar del coquí,
canto melodioso

el cual es para ti.
Tú, Señor, lo hiciste hermoso.
Levantando los brazos
a Dios alababa,
el cual ha creado
cuanto yo admiraba.

Cada día
te amo más

Cada día te amo mi Dios,
dejarte nunca podré
pues tú mi vida salvaste;
me amaste primero a mí.

Te amo a ti, mi Salvador,
quiero servirte con amor,
poder buscar cada día más
de tu gloria y majestad.

Mi corazón te entrego Dios,
haz como quieras tú en mí,
sólo quiero decirte hoy
que cada día te amo más.

Nunca podré pagar
lo que en mi vida has hecho.
Con tu amor y tu poder
me libertaste a mí, Señor.

Hoy quiero cantarte, mi Rey,
mi Cristo, Señor, mi Salvador,
Rey de reyes, Príncipe de paz,

te amo cada día más.

Servirte quiero por la eternidad,
adorar tu gloria y majestad;
decirte quiero cada día más
lo mucho que te amo.

Con mi vida quiero servirte,
poder cantar cada día más;
decirle a otros lo que has hecho en mí,
lo cual nunca podré pagar.

Quiero que sepas mi Rey,
que te adoro sólo a ti,
diste tu vida por salvarme,
cada día te amo más.

Aunque problemas pueda encontrar
como quiera estás en mí.
La victoria sé que obtendré
si fiel te soy a ti, Señor.

Frank J. Ortiz Bello

Dios

Cuando sientas temor,
clama a Dios.

Cuando te sientas solo,
busca de Dios.

Cuando tu amigo te falle,
aun así no te fallará Dios.

Cuando estés falto de amor,
amor en tu vida pondrá Dios.

Cuando te sientas alejado,
acércate a Dios.

No importa lo que pase,
confía siempre en Dios.

¡Jesús!

¡Jesús, amigo fiel que nunca nos falla,

Jesús, compañero por la eternidad,

Jesús, Cordero perfecto que nos redimió,

Jesús, el Hijo de Dios, el Mesías, Emanuel,

Jesús, nos extiende su mano cuando clamamos,

Jesús, venció la muerte con poder,

Jesús, con su sangre nos limpió de pecado,

Jesús, abogado que nos defiende,

Jesús, voluntariamente sufrió por nosotros en la cruz,

Jesús, quien nuestras almas libertó,

Jesús, quien nuestras vidas sanó,

Jesús, mil gracias te doy!

Deseos

A veces quisiera ser famoso,
ser reconocido por las multitudes.
Pero de qué me sirve la fama
sino estoy contigo, Señor.

A veces quisiera coger a mis enemigos
y aplastarlos hasta derrotarlos.
Pero de qué me sirve la venganza
sino estoy contigo, Señor.

A veces quisiera ser millonario
y poseer todas las riquezas del mundo.
Pero de qué me sirve el dinero
sino estoy contigo, Señor.

A veces quisiera ser rebelde
y hacer lo que mi corazón me diga.
Pero de qué me sirven mis deseos
sino estoy contigo, Señor.

A veces quisiera desaparecer de este mundo
y no vivir más.
Pero de qué me sirve la muerte
sino estoy contigo, Señor.

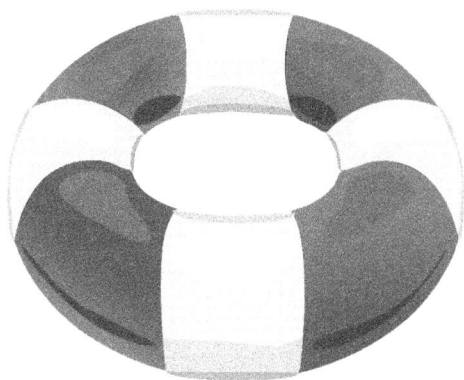

Frank J. Ortiz Bello

Encontré la paz

La paz buscaba yo
y no la encontraba.
De arriba a abajo miraba
y no la veía.

¿Quién puede darme la paz?
Desesperado preguntaba.
¿Es que nadie la tiene?
Por favor, contesten.

Me ofrecieron muchas cosas,
mas ninguna la paz me daba.
Cansado estaba yo,
pues la paz no encontraba.

Cuando sentía que ya todo acababa,
una última esperanza me quedaba.
Acordábame de un Dios...
del que me hablaban.

Entonces busqué su presencia
y llorando clamaba.
No habiendo terminado aún,
su paz ya Él me daba.

Decisiones

Si alguna decisión importante
tienes que hacer,
no te preocupes,
pon tu fe en alto,
recuerda que Cristo te ayudará.

No importa cuán importante sea,
no tienes que desesperar.
Si crees que ya no puedes,
pídele al Señor,
Él nuevas fuerzas te dará.

Decisiones por doquier
tú tienes que hacer.
Muchas veces no sabes qué escoger,
pero recuerda que Dios sí lo sabe,
el futuro tuyo en sus manos está.

El Señor quiere lo mejor para ti,
por lo tanto en Él sí puedes confiar.
Nunca dudes ni un instante,
Cristo siempre dispuesto está,
en Él sí puedes esperar.

De ti no se ha olvidado

Tú que piensas que Dios te ha dejado,
y crees que solo estás luchando.
Sólo piensa cómo es que has llegado
a pesar de todo el gran trabajo.

Dios de ti no se ha olvidado,
pues Él nunca te ha dejado.
Cuando en aprietos te has encontrado
sólo Dios te ha salvado.

Si alguno ha fallado
eres tú que te has olvidado
de dónde Dios te ha sacado
y cómo tu vida ha cambiado.

Dios siempre tu bien ha deseado
y por eso siempre te ha ayudado.
Sigue siempre en Él confiando,
recuerda que Él te sigue amando.

Hijo del Rey

Hijo de un Gran Rey
soy yo.
Hijo de Dios,
mi Señor.

Nada era yo
en tiempos pasados,
ahora sí soy,
con Cristo en mi vida.

Esclavo era yo,
mas hijo de Rey
me ha hecho Dios.
Mi vida es de Dios.

Él la compró.
Ahora soy feliz
pues Cristo me salvó.

Con sangre preciosa
me ha salvado Dios.
Mandó a su Hijo
a morir por mí.

Canto a mi Señor

Luz maravillosa,
te siento cada día.
Salvación grandiosa
tú has dado a mi vida.

Dios poderoso,
todo posible para ti es.
¡Cuán gozoso
está hoy mi ser!

Grande Señor,
me amaste.
Hoy siento tu amor,
tú me salvaste.

Dios grandioso.
¡Cuán grandes cosas haces!
Tú eres hermoso,
Dios elegante.

Tú eres caballeroso,
ejemplo a la humanidad.
Dios amoroso,
siempre das felicidad.

¡Cantemos todos al Salvador!
¡Levantemos nuestras manos al Señor!
¡Aleluya, hijos tuyos somos!

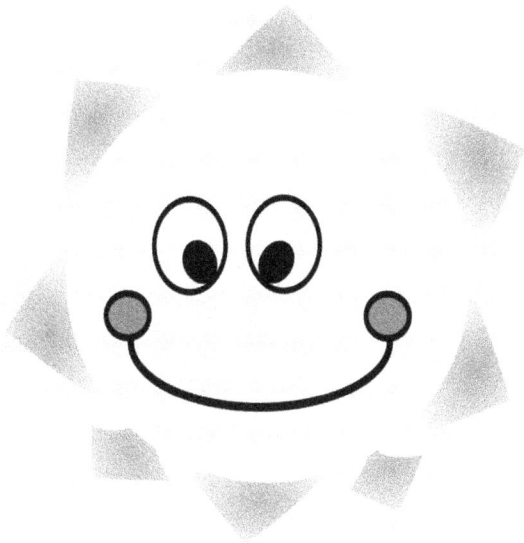

Lo que Cristo
hace en mí

A veces desesperado me siento,
como quien quiere escapar
de algún espantoso gigante.

Y miro, pienso y me preocupo;
nadie ayudarme podrá...
¿para qué confiar en el hombre?

Noto que fuerzas no me quedan;
débil soy, solo no podré.
Clamo a Cristo, me responde.

La fuerza de Cristo siento en mí,
la desesperación se va, libre soy,
pues Cristo me libertó de verdad.

Consagración

Mis ojos te entrego, Señor,
para poder ver tu gloria.

Señor, mis oídos te entrego,
para escuchar tu Palabra.

Mi boca te entrego,
para tus buenas nuevas llevar.

Mis manos te entrego,
para con ellas hacer tu voluntad.

Mis pies te entrego,
para por el camino verdadero caminar.

Mi corazón te entrego,
para que en él tú mores.

Mi alma te entrego, Señor,
para que tu paz sienta en mí.

Señor, mi vida te entrego,
para con ella poderte agradar.

Agradecido estoy

Aunque todo tenga
o nada me quede,
aunque mucho gane
o todo lo pierda,
agradecido estoy.

Quiero, mi Señor,
alabarte siempre.
Sólo tú supiste
llenarme de gozo.
Agradecido estoy.

Lo que en mí nadie hizo
tú lo hiciste,
con poder y amor
mi alma salvaste.
Agradecido estoy.

Agradecido estoy
por lo que hiciste en mí,
por lo que en mí tú haces,
Señor, por lo que harás.
Agradecido estoy.

Hoy te alabo

Porque ciego era
y ahora veo,
porque triste estaba
y ahora gozo tengo,
hoy te alabo, Señor.

Porque desesperado vivía
y ahora con paz vivo,
porque vacío me sentía
y ahora tu amor siento,
hoy te alabo, Señor.

Porque por mí moriste,
y por mí resucitaste;
porque me amaste primero,
tu presencia siento.
Hoy te alabo, Señor.

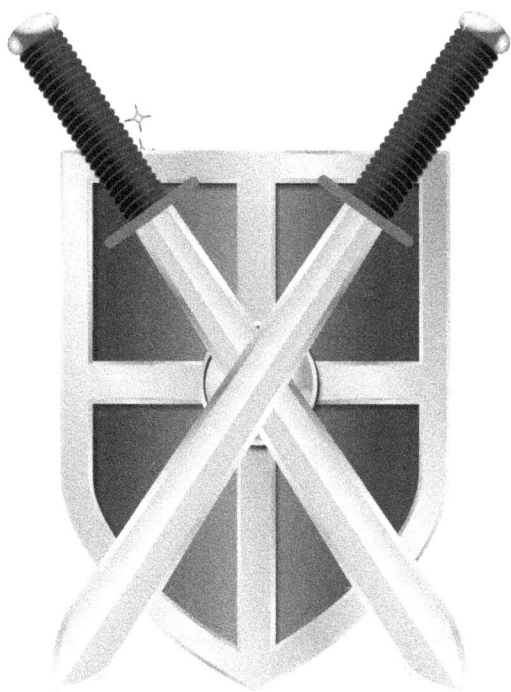

Señor, dame fortaleza

Señor, dame fortaleza física
para levantarme y llevar tu Palabra.

Señor, dame fortaleza mental
para que mi pensamiento seas tú.

Señor, dame fortaleza emocional
para estar siempre gozoso.

Señor, dame fortaleza espiritual
para confiar sólo en ti y poder vencer.

Jehová tus peticiones contestará

Cuando algo pidas a Jehová,
conforme a su voluntad;
confía en Él,
para tus peticiones obtener.

Pide siempre con fe,
no dudando nunca en Él.
Aunque todo contrario parezca,
confía siempre en sus promesas.

Si tu corazón sientes desmayar,
pues tus peticiones crees no tendrás,
pide fe al Salvador
para esperar en el Señor.

Si en el Señor tú puedes esperar,
recompensa tú tendrás;
tus peticiones podrás obtener,
si confías siempre en Él.

Llamamiento

Todo lo que veía
era oscuridad.
Mi vida sentido no tenía,
ni aun en la intimidad.

Pero conocí a Cristo
y ahora veo.
Ahora mi vida sí tiene sentido,
me ha dado gozo tremendo.

Tristeza sentía por doquier,
creía que nadie me amaba,
no sentía ni fe
ni esperanza.

Pero Cristo llegó a mi vida
y alegría me ha dado.
Fe me dio porque yo no creía,
esperanza tengo para esperarlo.

Si tú aún no conoces a Cristo,
aun así Él te ama.
Ven a Él hoy mismo,
Cristo te llama.

Realidad

El hombre planea las cosas,
Dios permite que se hagan.

El hombre descubre lo nuevo,
Dios fue el que lo hizo.

El hombre hace inventos,
Dios le dio la sabiduría.

El hombre cae,
sólo Dios lo levanta.

Las cosas suceden,
sólo porque Dios lo permite.

Nada se mueve,
si Dios no da el permiso.

Tu vida cambiará y serás feliz,
si aceptas a Cristo y le sirves a Él.

Cambió mi vida

Lo que Cristo ha hecho por mí
yo nunca podré pagar.
Salvó mi vida, me ha hecho feliz,
por eso nunca lo dejaré de amar.

Cuando solo me encontraba yo
y nadie de mí se acordaba,
alguien escuchó mi voz,
fue Cristo que de mí no se olvidaba.

La vida para mí no valía nada,
sentido mi vida no tenía.
Cuando todo para mí ya se acababa,
Cristo trajo gozo y alegría.

Cristo cambió mi vida por completo,
a tiempo a mi vida llegó.
Por eso hoy yo le agradezco
lo que en mi ser Cristo obró.

También tu vida podrá cambiar,
nada imposible hay para Dios.
Con Cristo tú te gozarás,
le servirás con gozo al Salvador.

Gracias Cristo yo te doy,
a ti siempre te amaré.
Gracias Cristo por tu amor,
en ti siempre esperaré.

Redención

Un ser que es creado con polvo y tierra,
una criatura formada de barro;
su aliento le dio vida, despertó,
con el soplo de su boca luz vio.

Desobedeció al mandato de Dios,
despreció la voz de su Gran Señor;
su culpabilidad siempre negó,
culpable no se declaró, pecador es.

Aun así, redención prometió Dios,
su Hijo enviaría por nuestros pecados;
culpable fue hecho, siendo Él inocente,
juzgado como pecador; no lo era.

Salvación trajo su Hijo Jesús,
redimió al hombre de todo pecado;
esperanza trajo, la vida eterna,
de tinieblas a la luz nos llevó.

Con gozo le sirvo a Jesús, mi Rey,
con amor quiero hacer su voluntad;
si lo aceptas, tu vida cambiará,
si a Jesús quieres, victoria tendrás.

Maravillas

Por el día el sol salía
y al atardecer se escondía.
Por la noche la luna aparecía,
por la mañana ya desaparecía.

Por las noches las estrellas se veían,
bellos luceros en la lejanía.
Pero, ¿por qué no se caían?,
muchas veces me decía.

Los cielos: grandes e inmensos.
La mar: hermosa y audaz,
que nunca sale de su caudal.

¿Quién hizo estas maravillas?,
me preguntaba yo todos los días.
Pues cosas tan grandes como estas,
por un ser superior fueron hechas.

¿Es que todas estas cosas
por Él fueron hechas?
Me preguntaba yo
mientras dormía.

Una noche mientras dormía,
escuché una voz que me decía:
Todas estas maravillas
por Dios fueron hechas.

Sí, y si hoy le entregas tu corazón,
Él hará maravillas,
no sólo en lo que te rodea,
sino también con tu vida.

Gratitud

A ti Señor,
darte las gracias
quiero.

Gracias porque vida
me has dado,
porque salud me has regalado.
Porque aun en medio
de la enfermedad,
gozo me das;
y en medio de la prueba,
fuerzas me suples.

Gracias porque los padres
me has dado;
porque un hogar
me has regalado.
Porque aun en medio
de la tristeza,
alegría me das;
y en medio de la preocupación,
consuelo me brindas.

Gracias porque esta poesía

me has dado,
porque inspiración
me has regalado.
Porque aun en medio
de la oscuridad,
tu presencia me da luz;
y en medio de los problemas,
victoria me obsequias.

Te amo Señor

Señor, hoy quiero darte las gracias
por las cosas hermosas que tú haces.
Todo en esta tierra y en el universo,
tú, Señor, lo has hecho hermoso.

Cuando escucho los pajaritos cantar,
y veo los árboles florecer,
y cómo sale el sol,
puedo con más gozo alabarte Señor.

Si todo es alegría, te amo Señor;
si hay tristeza, aún te amo Señor.
Esto no es porque yo sea fuerte,
sino porque tú, Señor, fortaleza me das.

Hoy quiero cantar para ti, Señor,
alabar tu nombre por la eternidad.
Tu poder siempre permanecerá,
tu amor nos unirá más.

A veces Señor quisiera quejarme,
pues problemas también tengo yo,
pero comienzo recordando lo que has hecho por mí
y termino alabándote Señor.

Te amo cada día más Señor,
amor en mi vida has puesto tú.

El vacío de mi alma lo has llenado tú,
ahora con gozo canto para ti.

Con estas palabras termino,
no sin antes recordarte Señor;
que sin ti nada sería,
y lo que tengo y lo que soy, tuyo es Señor.

La vida

En la vida desilusiones encontrarás,
el hombre siempre es pecador.
A pesar de todo alguien te ayudará,
ése es Cristo el Salvador.

Cuando crees un mejor amigo tú tener,
aun éste te fallará.
Con todo esto hay uno que te será fiel,
Cristo de ti no se olvidará.

Grandes luchas siempre encontrarás,
creerás que todo para ti acabó.
A pesar de todo alguien te ayudará,
ése es Cristo el Salvador.

También la enfermedad podrá tocar tu ser,
y por eso muchos te dejarán.
Con todo esto hay uno que te será fiel,
Cristo de ti no se olvidará.

A veces escasez en tu vida tendrás,
y sin nada te puedes encontrar hoy.
A pesar de todo alguien te ayudará,
ése es Cristo el Salvador.

Aunque tristeza sientas por doquier,
y creas que de ti todos se alejarán.
Con todo esto hay uno que te será fiel,
Cristo de ti no se olvidará.

Mensajero del Señor

Tú que llevas el mensaje
anunciando salvación,
grande luz en las tinieblas
eres tú aquí en la tierra.

Tu anhelo siempre es predicar,
esto mucho a Cristo agrada
pues mandó en su comisión
predicar el evangelio.

No todos aceptan el mensaje
mas tu deber es predicarlo
por si alguno a Cristo quiere,
el cual salvación recibirá.

A veces en peligros te encuentras
por llevar el evangelio,
pero siempre has visto la mano de Dios
que del mal te alejó.

Persecución también sufres,
pues siempre alguien se opone,
pero siempre vencerás
si confías en el Señor.

Grande corona te espera allá en el cielo
si tú logras vencer,
pero recuerda que con Cristo vencerás.

Pastor

Pastor, Dios en tus manos
una congregación ha puesto.
Días de trabajo
es tu mayor anhelo.

Pastor, la oración Dios te ha dado
como herramienta para triunfar.
En cada oración siempre está a tu lado,
junto a ti permanecerá.

Pastor, confía siempre en el Señor,
espera siempre en Él.
Porque Él venció
muriendo por todo ser.

Pastor, nosotros te amamos,
pues Dios nos ha enseñado.
Por eso anhelamos
brindarte para todo nuestras manos.

Pastor, por ti seguiremos orando,
pidiéndole a Dios que te dé fortaleza.
Nosotros esperamos estar siempre a tu lado
y juntos ganar la vida eterna.

Gracias papá

Dios nos amó tanto que nos dio aquí en la tierra,
un representante suyo para que nos cuidase,
sustentase y protegiere.
Esa persona es nuestro padre,
el ser que Dios le dio ese don tan hermoso
para poder dirigirnos por caminos derechos
aquí en la tierra,
para corregirnos cuando fuere necesario.

Muchas veces como hijos le fallamos
y lo desobedecemos.
Entonces él con amor nos endereza el camino.
A veces creemos que no nos entiende
y creemos que no es perfecto.
Pero una cosa sí sé,
que aunque no es un ser perfecto
Dios le dio esa autoridad y amor en nuestro hogar
para ser ejemplo de él.

Dios ha puesto en sus manos
el cuidado de nuestras vidas.
Y aunque muchas veces no lo vemos en nuestro hogar,
es porque en algún lugar, en su trabajo,
se encuentra sudando para ganar el dinero suficiente
para darnos lo que necesitamos.

Cuando niños decíamos con orgullo:
Esto mi papá me lo compró.
Son muchos los recuerdos que podemos tener

sobre nuestro padre
que no todos los podemos mencionar.
Y aunque algunos de estos recuerdos
en algún momento lo mirábamos con desagrado,
no pensando en el mañana,
hoy con orgullo lo recordamos
y le damos gracias a nuestro padre.

Cuando necesitamos un amigo,
un amigo sincero de verdad,
un amigo en el que podamos confiar,
además de Dios allá en el cielo,
en nuestro padre aquí en la tierra
podemos confiar.

Dios a él le ha dado sabiduría y experiencia
para podernos enseñar.
Por eso quiero darle gracias a Dios,
que aunque no lo merezco
un padre me ha dado,
que aunque no es perfecto
en sus manos está.
Gracias papá.

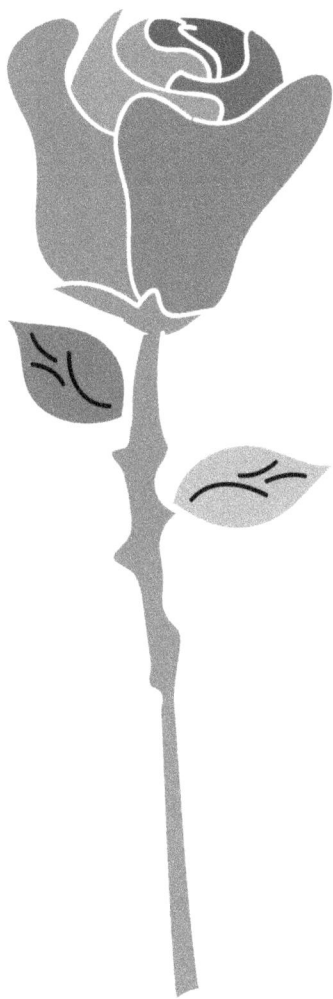

Frank J. Ortiz Bello

Oración por mi madre

Señor, te doy gracias
por darme una madre.
Te pido por ella,
pues ella nada pide para sí,
todo lo pide para nosotros.
Quiero que de tu amor
la sigas llenando,
que con tanto esmero
ella cada día busca.
Recompénsale sus sacrificios,
llénala de felicidad.
Que cada día ella te sienta
a su lado,
que de tu compañía ella goce
todos los días de su vida.
Que si algún problema tiene,
que tu ayuda nunca le falte,
y si posible, mejor el problema
dámelo a mí y no a ella.
Que cada día de su vida
vea felicidad,
que las peticiones que su corazón anhela,
nunca tarden en llegar.
Te pido para ella lo mejor,

pues es lo mejor que tengo en la tierra
y por tanto debo de cuidar.
Por esto Señor,
gracias te doy una vez más,
por darme una madre.

Madre

Eres la rosa más bonita del rosal,
el corazón más tierno que hay.
Eres el ser más sensible y dulce
que Dios creó.

Desde que estaba en el vientre,
me empezaste a cuidar.
Cuando vi el mundo por primera vez,
me diste tu amor.

Cuando todavía no sabía caminar,
me ayudaste a caminar.
Cuando no sabía comer,
me diste de comer.

Cuando me siento solo,
a mi lado estás.
Cuando estoy triste,
me das tu alegría.
Cuando estoy enfermo,
me das tu ayuda.

Siempre te preocupas por mí,
nunca me abandonas.

Tus sufrimientos los sufres sola,
para no entristecerme.

Tus alegrías las comparte conmigo,
lo mejor que tienes me lo das.
Te sacrificas por mí
para que yo tenga un buen futuro.

Siempre estás a mi lado.
A Dios le doy gracias,
por este precioso regalo
que me ha dado: mi madre.

Gracias Dios
por mi madre

Doy gracias a Dios por mi madre.
Hermosa, como ella ninguna.
Llena del amor de Dios,
de su cariño.

Amor que pasa toda barrera,
amor que tiene hacia sus hijos;
que aunque es humana,
Dios es su fortaleza.

Muchas veces me ha dicho
que quisiera darnos una mejor casa
y surtirnos con mejores vestidos;
pero qué importa todo esto
si su amor siempre nos ha dado,
si su cariño nunca nos ha faltado.

Es que el amor de Dios está en ella;
amor que Dios nos ha suplido;
el amor de Dios, perfecto amor.

Somos humanos, somos imperfectos,
pero qué importa, si tenemos a Dios,

tenemos la Luz, tenemos la Vida.

Con ese amor que Dios nos ha dado,
con ese amor quiero decirle
a mi madre, a mi hermosa madre,
que la queremos, y que con Cristo
seguiremos siempre hacia adelante.

Maestro

Ser maestro es más que la enseñanza
que de tus labios brotan,
más que el intelecto que transmites;
ser maestro es usar los instrumentos
que de tu corazón salen para formar,
para tallar una vida que florecerá
y que nunca olvidará que un día
con tu amor, maestro, su vida transformaste.

Petición

Señor, una petición
pedirte quisiera.
Que mi abuela
conocerte pudiera hoy.
Tú me salvaste;
a mi vida a tiempo
llegaste tú.

Señor, nada imposible
para ti hay.
Lo imposible para el hombre,
posible para ti es.
Quisiera que mi petición
contestaras tú.

Señor, no te pido
que a mi tiempo lo hagas tú.
A tu tiempo se hará.
Yo sé que mi petición
escuchaste tú.
En ti esperaré, Señor.

A mi abuela

Hoy, abuela, te dedico a ti
esta poesía que Dios me dio,
que con todo mi corazón
con amor escribo para ti.

Tiempo va que verte
no he podido.
Quisiera decirte
lo mucho que te amo.

A Dios pido por ti,
con todo mi corazón,
que te salve
y que nunca te falte
un poquito de su amor.

Con lágrimas escribo
esta poesía hoy,
no con lágrimas de tristeza,
sino de amor,
porque sé que Dios
mi oración escuchó.

Abuela, te amo,

pues Dios de su amor me dio
Confía siempre en Dios,
bÉl no te fallará.

Con estas pocas palabras
termino yo,
pero siempre tú estarás
en mi corazón.

Jesús a tu lado está

¡Qué hermoso es cumplir
quince años de vida!
¡Cuán hermoso es aún,
cumplirlos con Jesús a nuestro lado!

Con Jesús andarás,
sobre sus hombros descansarás
y sobre sus brazos te cargará.

Cuando necesites consuelo,
y el amigo te falle,
busca a Jesús,
Él no te fallará.

Tus problemas le contarás
y Él los resolverá.
Él promete estar contigo
hasta el fin.

Ahora que cumples quince años;
Jesús, el que te cuidó y te está cuidando,
dice que te cuidará.
Sólo sé fiel a Él.
No te fijes en los problemas

ni en las tribulaciones,
déjale tus cargas,
Él las llevará.

Ten siempre calma y paciencia,
espera siempre en Jehová,
que las peticiones de tu corazón
Él las contestará.

Para que pedir hoy
lo que mañana se acabará,
espera en Jehová,
que Él te dará mañana
lo que por siempre durará.

Hoy cumples quince años de edad,
porque Dios así lo ha querido.
Dale gracias a Jehová,
pues contigo Él está.

¡Cuán hermoso fue aquel día
en que aceptaste a Jesús!,
jamás te olvidarás de ese día
pues Jesús en tu corazón está.
Hoy Jesús te regala
más que una flor,

te regala su amor.

La gloria sea a Dios,
que me ha dado palabras hoy,
para decirte: Jesús a tu lado está.

Historia de amor

Un hombre que lo tenía todo,
pues nada le faltaba.
Desde las necesidades básicas
hasta grandes lujos tenía.
Este hombre tenía una familia,
una familia grande en tamaño,
todos se querían, se amaban;
pero a los demás despreciaban.
Había otro hombre también
el cual sólo un hijo tenía,
pero al cual amaba mucho
y de él cuidaba siempre.
Este hombre y su hijo
a los demás también amaban.
Cuando alguno ayuda necesitaba
no escatimaban en ayudar.
Un día, uno de los hijos
del hombre de mucha familia,
fue arrestado por guardias del rey
y condenado a la muerte.
¿De qué lo acusan?
Desesperado preguntaba el padre.
Por robar, por matar,
y por muchas otras cosas.

Hijo, ¿todo esto has hecho?,
preguntaba el padre a su hijo.
Sí, padre, yo lo hice,
no tengo excusas ante ti.
Moriré, nada me salvará,
pues culpable soy yo.
Tendré que pagar por mis hechos,
decía el hijo a su padre.
El padre muy triste se fue,
su hijo ya no tenía esperanza,
moriría pronto por su pecado
y él nada podría hacer.
El hombre que sólo un hijo tenía
se enteró de esta noticia.
Fue a donde el padre que lloraba
y ofreciole su ayuda.
¿Y qué puedes hacer por mí?,
preguntaba el padre llorando.
Mi hijo está condenado,
ya nada podrá salvarlo.
El hombre lo miró, y dijo:
Mi hijo está de acuerdo
en declararse culpable
y morir por tu hijo.
El padre que lloraba contestó:
Si haces eso mi hijo sería salvo,

pero tu hijo sería condenado
siendo inocente en realidad.
No importa, estamos de acuerdo,
no te preocupes por nosotros.
Exclamó el hombre, quien no escatimó
en dar a su hijo por otros.
Pronto el hijo del primer hombre
fue dejado en libertad,
en cambio el hijo del otro hombre
fue declarado culpable, lo mataron.
La familia grande seguía unida,
en cambio ahora había un hombre
el cual sólo un hijo tenía
y ahora ninguno le quedaba.
Aun así, la primera familia
no le agradeció a aquel hombre,
quien su hijo dio por otros,
el favor que había hecho.
Esta historia aquí termina,
pero antes quiero preguntarte:
¿Serías tú capaz de no agradecer
lo que aquel hombre hizo?
Dios mandó a su único Hijo
a morir por ti y por mí.
¿Le has agradecido esto a Dios
y le estás sirviendo?

Sobre el autor

Frank J. Ortiz Bello se desempeña como Especialista en Tecnología Educativa en el Departamento de Educación de Puerto Rico, y posee una Maestría en Educación con especialidad en Sistemas de Instrucción y Tecnología Educativa, con dos sub especialidades, una en Informática y otra en Diseño Instruccional.

Ortiz Bello se interesó en la edición de libros, cuando en el año 1989, siendo estudiante universitario, editó y publicó su primer libro, un poemario que tituló *No te rindas*. Como autor y editor, Ortiz Bello tuvo que promover, distribuir y vender su propio libro; haciendo presentaciones en librerías y programas radiales. En el 1996 publicó su segundo libro: *Los cuentos de Pepito Salamanca y otros cuentos*. En el 1998 publicó su primer trabajo como editor pagado por otro autor, y ese mismo año publicó su tercer libro, *El pobre rico de la pequeña casa grande*, siendo el primer libro bajo **Ediciones Eleos**, aunque el trabajo editorial lo realizó otra editorial, ya que este libro requería el proceso de separación de colores y fue impreso fuera de Puerto Rico.

Además de libros, Ortiz Bello es autor de varios programas de computadoras y aplicaciones multimedia. Para más información visite www.edicioneseleos.com.